AF339194

ORAISON FUNÈBRE

DE

MONSEIGNEUR BATAILLE

ÉVÊQUE D'AMIENS

Prononcée par

MONSEIGNEUR L'ÉVÊQUE D'ANGERS

DANS LA CATHÉDRALE D'AMIENS

LE 22 JUILLET 1879

ANGERS

GERMAIN ET G. GRASSIN, RUE SAINT-LAUD

Imprimeurs de Monseigneur l'Évêque et du Clergé

—

1879

ORAISON FUNÈBRE

DE

MONSEIGNEUR BATAILLE

ÉVÊQUE D'AMIENS

Prononcée par

MONSEIGNEUR L'ÉVÊQUE D'ANGERS

DANS LA CATHÉDRALE D'AMIENS

LE 22 JUILLET 1879

ANGERS

GERMAIN ET G. GRASSIN, RUE SAINT-LAUD

Imprimeurs de Monseigneur l'Évêque et du Clergé.

—

1879

ORAISON FUNÈBRE

DE

MONSEIGNEUR BATAILLE

ÉVÊQUE D'AMIENS

Prononcée dans la cathédrale d'Amiens, le 22 juillet 1879

PAR

MONSEIGNEUR L'ÉVÊQUE D'ANGERS

> *Consummatus in brevi, explevit tempora multa.*
>
> Consommé en peu de temps, il a rempli une longue carrière.
>
> SAGESSE, IV, 13.

MES FRÈRES,

Il y a six ans, dans une ville sœur et voisine de la vôtre, s'accomplissait l'une de ces cérémonies qui laissent au cœur des peuples un souvenir ineffaçable. Les rangs de l'épiscopat venaient de s'ouvrir à un prêtre que son rare mérite désignait depuis longtemps pour cette haute et périlleuse fonction. Aussi quelle allégresse dans toute la cité heureuse et fière d'une élévation qui l'honorait elle-même ! Pas de pompe, pas de démonstration publique qui ne parût au-dessous d'une fête dont chaque famille faisait la sienne propre.

C'était à qui témoignerait le plus vivement une joie à
laquelle nul n'aurait voulu rester étranger. Quant au
nouvel élu, plein de grâce et de force, il était là,
comme le Pontife de l'ancienne loi, auprès de l'autel
où l'huile sainte allait couler sur son front, *ipse stans
juxta aram* ; et ses frères dans l'épiscopat lui for-
maient une couronne d'honneur, *circa illum corona
fratrum* (1). Tandis que, dans l'intérieur du temple,
des milliers de fidèles unissaient leurs prières à celles
de la sainte liturgie, un diocèse tout entier y répondait
de loin par ses vœux et ses pieux désirs. Ici comme là,
tous les cœurs s'ouvraient à l'espérance que faisait
concevoir un ministère inauguré sous de si heureux
auspices. Et, devant un avenir que le présent et le
passé remplissaient de telles promesses, celui qui se
fait en ce jour l'interprète de votre deuil, pouvait dire
ces paroles que la religion et l'amitié lui mettaient sur
les lèvres : « Vivez de longues années pour le bien du
troupeau confié à vos soins, pour la joie et l'édification
de vos amis, pour la consolation de l'Église notre
mère, pour la gloire de Jésus-Christ, notre Maître et
notre Seigneur (2) ! »

Hélas ! Mes Frères, ni vos souhaits ni les miens ne
devaient être exaucés. Celui qui tient nos vies entre
ses mains, et dont les desseins sont impénétrables, a

---

(1) Eccli., I., 13.

(2) Discours sur la puissance ecclésiastique prononcé au sacre de
Mgr Bataille, Évêque d'Amiens, dans l'église Saint-Pierre de Douai,
le 21 septembre 1873 (*Œuvres oratoires*, tome III).

permis qu'une fin prématurée vînt mettre à néant nos espérances communes. Entre les solennités joyeuses de Douai et les cérémonies funèbres d'Amiens, à peine quelques courtes années se sont-elles écoulées, comme pour mieux faire sentir le coup que la mort allait frapper au milieu de vous. Mais j'entends le Sage qui nous dit : « Ce n'est pas au nombre des années qu'il faut mesurer l'honneur et le mérite d'une vie : *senectus venerabilis est non diuturna neque annorum numero computata* ; car une vie sans tache est toujours une longue vie ; *ætas senectutis vita immaculata*. La vertu peut racheter par sa grandeur ce qui lui manque en durée ; et lors même que le juste est surpris par la mort au milieu de sa course, *et si morte præoccupatus fuerit*, ses œuvres n'en conservent pas moins leur éclat et leur fécondité : consommé en peu de temps, il aura rempli une longue carrière : *consummatus in brevi, explevit tempora multa* (1). »

Oui, sans doute, à l'Évêque pour qui nous formions, le jour de son sacre, des vœux si ardents, il n'a pas été donné de vivre de longues années pour le bien du troupeau confié à ses soins. Mais, dans cet épiscopat si jeune encore, et déjà rempli de tant d'œuvres, la mort elle-même aura compté comme un sacrifice méritoire pour vos âmes ; et peut-être un tel sacrifice, accepté de si grand cœur, vous aura-t-il profité, plus que n'auraient pu faire les travaux d'une longue vie.

______

(1) Sagesse, iv, 7 et ss.

Car c'est aux clartés de la foi que s'illuminent les
plans divins et les destinées humaines. Rien ne vaut,
dans l'ordre surnaturel, les mérites de la souffrance ;
et quand, durant cette lente immolation de lui-même,
où la mort s'approchait de lui peu à peu et par degrés,
comme pour lui permettre de se familiariser avec elle,
le pieux Prélat tournait son regard triste, mais résigné,
vers cette splendide basilique dans laquelle il ne devait
plus reparaître vivant, vers cette cité d'Amiens qui
lui était devenue si chère, vers ce bon peuple au
milieu duquel il avait trouvé tant d'affection, vers ces
amis fidèles qui, de loin comme de près, s'associaient
à ses angoisses, vers cette famille dont il était l'âme
et que son trépas allait frapper d'un si grand deuil ;
lorsqu'il voyait ainsi, lui, naguère si plein de force et
d'ardeur, son ministère arrêté avant le temps, ses
œuvres inachevées, ses travaux interrompus sans
espoir de les reprendre jamais : ah ! dites-moi, ces
liens si intimes et qu'il sentait se rompre un à un, ces
déchirements de l'âme, ces séparations d'autant plus
douloureuses qu'elles étaient moins prévues, tout cet
ensemble de sacrifices accomplis sans murmure et
sans regret, dans un admirable esprit de foi et de
soumission à la volonté divine, n'étaient-ce pas les
mérites d'une vie plus longue amassés d'avance et
concentrés pour ainsi dire dans quelques mois de
souffrance et de résignation ? *Consummatus in brevi* !
C'est vers la Croix qu'il faut regarder, pour découvrir
la source la plus féconde de la grâce et du mérite.

Notre-Seigneur Jésus-Christ, le modèle des pasteurs, a sauvé le monde par sa mort plus encore que par sa vie ; et si les courtes années de sa mission terrestre ont été pour l'humanité un immense bienfait, c'est par la Passion du Calvaire qu'il a consommé le grand œuvre de la Rédemption.

Vous avez compris, mes Frères, toute l'étendue d'un sacrifice auquel votre fidélité même ajoutait tant de valeur. Il est si dur, il est si pénible de se séparer d'une réunion d'âmes telle que la vôtre ! Cette séparation, votre bien-aimé pasteur la sentait si vivement ! Aussi l'avez-vous pleuré, comme si son épiscopat s'était prolongé au milieu de vous jusqu'à l'âge le plus avancé ; et ce n'est pas sans émotion que le jour de ses funérailles nous avons vu la ville d'Amiens et le diocèse tout entier manifester par les marques éclatantes de leur deuil une telle unanimité de regrets. Vous avez éprouvé ce que disait le pape saint Grégoire le Grand parlant d'un Évêque enlevé trop tôt à l'affection de son troupeau : « Quant à lui, il est allé recevoir la récompense de ses travaux, *et quidem ille ad præmia desiderata pervenit ;* mais ceux qu'il faut plaindre, ce sont les fidèles d'une cité qui n'a pas eu le bonheur de conserver longtemps un tel pasteur : *sed infelix populus civitatis lugendus est, qui pastorem talem diu habere non meruit* (1). » Et d'où venait un attachement si général et si profond pour un Pontife qui avait eu

____

(1) *Epistol.*, l. V, ep. 17, *de morte Episcopi.*

à peine le temps de se faire connaître de vous? Ah !
c'est qu'il possédait de toutes les qualités celle qui
attire davantage les cœurs et exerce sur eux l'impression la plus vive : il avait l'âme éminemment pastorale.
Voilà le trait caractéristique de sa vie, ce qui en fait
tout ensemble la grandeur et l'unité. A Douai et à
Amiens, au second rang de la hiérarchie comme au
premier, il a réalisé, dans une haute perfection, l'idéal
du Pasteur des âmes. Telle sera la matière de l'éloge
que j'ai le dessein de consacrer à la mémoire de Monseigneur Louis-Désiré Bataille, évêque d'Amiens.

I.

C'est l'honneur comme la force du clergé français
d'avoir été, à toutes les époques de notre histoire,
l'expression la plus vraie et la plus complète de la
nation elle-même. Jamais, chez aucun peuple chrétien,
l'on n'aura vu, quinze siècles durant, une harmonie
aussi intime entre le sentiment religieux et l'esprit
public. C'est que, dans ce long espace de temps, et
à travers toutes les transformations politiques ou
sociales, l'Église n'a cessé de tailler son sacerdoce dans
la partie saine et vigoureuse du pays. Au château
féodal, comme dans la ferme du laboureur, elle allait
prendre le sang le plus pur et le plus généreux, pour
renouveler et perpétuer la succession de ses ministres.
Il en est résulté qu'à chaque époque de sa vie nationale,
la France pouvait, non sans un légitime orgueil, se

retrouver dans son clergé, comme dans une image fidèle de sa propre grandeur. Aujourd'hui que la sève morale, trop souvent affaiblie dans les villes, circule plus abondante dans les campagnes restées généralement fortes et pures, Dieu se plaît à faire germer la plupart des vocations religieuses dans un milieu si propice à leur développement. Et ce n'est pas sans motif, Mes Frères, que la Providence, toujours admirable dans ses voies, fait précéder les grandes élévations de si humbles origines. C'est afin de rappeler à ceux qui seraient tentés de l'oublier, que le clergé, sorti en majeure partie des rangs du peuple, en connaît les besoins comme il en exprime les vrais sentiments; qu'il a ses racines au plus profond du pays; que son cœur bat à l'unisson des classes laborieuses, dont les fortes habitudes se prolongent dans son sein; qu'avant d'être appelé à soulager la souffrance, il l'a vue de près, souvent même partagée, et que loin de former une caste à part dans le reste de la nation, comme voudraient le faire accroire d'injustes détracteurs, il s'identifie par son origine avec tout ce qu'il y a de plus vivant dans la société, à laquelle il rend en lumières et en dévouement ce qu'il reçoit d'elle en vigueur et en mâle simplicité.

Voyez, en effet, cet enfant de la campagne que Dieu destine à remplir un jour les plus hautes fonctions dans son Église. Il a respiré dès le bas âge une atmosphère tout imprégnée du parfum de la piété chrétienne. Au foyer domestique, la vertu s'est montrée à

lui sous la figure attrayante d'un père et d'une mère
qui n'interrompent le travail de la journée que pour
joindre leurs mains dans la prière de la foi. Rejeton
béni d'une famille nombreuse, il n'a trouvé autour de
lui que de bons exemples auxquels l'amitié fraternelle
prêtait une force et un charme de plus. Ainsi se sont
écoulées les premières années de son enfance, au
milieu des siens, dont il va selon toute apparence
partager la modeste condition. Cependant un goût
particulier l'incline vers les choses de l'esprit. Quand
on lui parle de Dieu, sa jeune âme tressaille; les cérémonies de l'Église l'émeuvent; le service de l'autel est
sa plus douce jouissance. Alors, pour décider de son
avenir, la Providence met sur son chemin quelque
prêtre pieux et zélé qui suit de l'œil ce travail de la
grâce, étudie avec soin cette vocation naissante, met
à l'épreuve les ardeurs d'une volonté qui ne sait pas
encore mesurer sa force, discerne ces aptitudes avec
l'expérience que donne le commerce des âmes, encou-
rage sans presser, dirige plutôt qu'il ne pousse, et après
avoir initié le jeune écolier aux premiers éléments de
la science, le conduit pas à pas jusqu'au seuil du
noviciat où l'Église prépare de loin ses clercs futurs
au plus saint et au plus redoutable des ministères.

En rappelant par quelle voie naissent et se déve-
loppent de nos jours tant de vocations sacerdotales, j'ai
résumé l'histoire de votre Évêque dans ses premières
années. Car, lui aussi, il était de ceux qui semblent en
quelque sorte porter avec eux en naissant le signe de

l'élection. Comme Samuel, ils entendent dès le bas âge la voix de Dieu qui les appelle ; et cette voix leur parle au cœur avec une autorité que ne possède aucune autre. Ils suivent docilement l'attrait souverain de la grâce ; et, comme un vaisseau qui se laisse aller au gré d'un vent protecteur, ils arrivent devant l'Église qui les reçoit et aux pieds du Christ qui les bénit, poussés par une force secrète qui dirige leur jeunesse dans un cours non troublé. Au collège d'Armentières, comme plus tard, au petit et au grand séminaire de Cambrai, l'abbé Bataille devait réaliser toutes les espérances qu'avaient fait concevoir ses débuts dans l'école et au presbytère d'Houplines. Alors déjà, durant cette première période de la vie, où les qualités de l'homme éclatent dans leur fleur, il manifestait cette douceur et cette affabilité, qui, à le voir et à l'entendre, faisaient penser au mot du Sage : *vir amabilis ad societatem* (1). Tout prévenait en sa faveur : et cette modestie sincère, qui le portait à s'effacer derrière les autres, alors même que son mérite le plaçait à leur tête ; et cette grâce parfaite répandue sur toute sa personne, et qui était comme la transparence d'une belle âme dont rien ne parvenait à troubler la sérénité ; et ce charme d'une conversation où il entrait à la fois tant de franchise et de délicatesse ; et, plus encore, cette bonté vraiment séduisante, qui lui faisait trouver si facilement le chemin des cœurs. C'était bien le pasteur des âmes qui

_____

(1) Prov. xviii, 24.

s'annonçait dès lors tel que vous deviez apprendre à le connaître plus tard, avec les dons et les qualités qui allaient le rendre cher à Dieu et aux hommes : *Dilectus Deo et hominibus* (1).

Rien n'est plus utile à une jeune intelligence que de se trouver en face de grands souvenirs et de grandes institutions. Il y a dans ces traditions du passé rajeunies par des gloires nouvelles une source d'influences salutaires pour l'esprit comme pour le cœur. Telle dut être l'impression qu'éprouva l'abbé Bataille, quand son Évêque lui eut permis d'aller compléter ses études théologiques et littéraires dans l'antique et célèbre établissement de Juilly. Brillantes destinées que celles d'une maison sur laquelle plane dès l'origine, comme une ombre tutélaire, la figure virginale de sainte Geneviève ; où les grandeurs sévères de la vie monastique ne disparaissent au bout de longs siècles que pour faire place à un épanouissement splendide des sciences et des lettres ; où, pendant la période la plus éclatante de notre histoire, l'Oratoire de France devient pour le pays tout entier un vaste foyer de lumières et de vertus ; où ses Bérulle, ses Condren, ses Thomassin, ses Malebranche, viennent apporter ou puiser tour à tour des trésors de piété, de doctrine et d'érudition ; où, depuis les Berwick et les Villars jusqu'aux Bonald et aux Berryer, la France chrétienne ne cesse de recruter une élite d'hommes qui la servent avec un égal

---

(1) Eccli., XLV, 1.

succès, par le conseil ou par l'épée, par la parole ou par l'action ! Comme aux plus beaux jours de son histoire, Juilly semblait être redevenu un foyer d'études incomparable, après qu'une pléiade d'éminents esprits y eurent transporté le siége d'une société de prêtres dont, jusqu'alors, la capitale de l'Alsace avait été si justement fière. Aussi, douce était la joie du jeune diacre de Cambrai, lorsque, en compagnie de tels maîtres, dans les majestueuses allées du parc, bordées d'ormes séculaires, il s'en allait questionnant l'un sur la philosophie, s'entretenant avec l'autre de philologie ou d'histoire, et mettant à profit dans ces familiers entretiens tout ce que l'expérience jointe au talent pouvait lui apprendre de plus sûr et de meilleur. Associé de travail et de goût à d'autres jeunes hommes de son âge, il trouva parmi eux des amitiés précieuses, qui allaient le suivre tout le long de la vie ; et je ne croirais pas avoir complété cette page de sa jeunesse sacerdotale, si je n'y donnais une grande place au prêtre si pieux et si distingué qui, après avoir recueilli dans la direction de Juilly l'héritage des Salinis et des Bautain, devait honorer plus tard le chapitre et l'Université d'Angers par l'éclat de sa science et le mérite de ses vertus (1).

Toutefois, Mes Frères, le court passage de l'abbé Bataille à Juilly ne devait avoir d'autre but que de

----

(1) Mgr Maricourt, Prélat domestique de Sa Sainteté, chanoine d'Angers et doyen de la Faculté des Lettres à l'Université de cette ville.

l'initier aux choses de l'enseignement et de l'éducation, en lui montrant la grande place qu'elles tiennent
dans la mission de l'Église. C'est dans un autre ministère, plus conforme à ses goûts, qu'il était appelé à
déployer son zèle et ses talents. Dieu, qui a fondé son
Église pour le salut des âmes, a établi au milieu d'elle
une fonction sans pareille dans le monde. Pour créer
cette fonction, il s'est plu à réunir dans une harmonie
féconde, en les appliquant à l'ordre spirituel, tous les
caractères que le pouvoir est susceptible de revêtir. Il
a pris dans la famille et dans la société humaine
toutes les formes de l'autorité, pour en faire un idéal
unique, où chacune d'elles se retrouverait, mais sou-
tenue et perfectionnée par l'alliance des autres. Car
l'Église, c'est la grande famille des âmes; l'Église,
c'est la société des hommes avec Dieu. Voilà pourquoi
rien de ce qui commande ici-bas l'affection, la confiance
et le respect, ne devait rester absent de la fonction qui
a pour objet le salut des âmes. Et, par le fait, il y a
dans cette fonction incomparable, telle que le Christ
l'a voulue et déterminée, il y a du souverain, il y a du
juge, il y a du médecin, il y a du docteur, il y a du
père, il y a de la mère, il y a de tout cela; et tous ces
pouvoirs, tous ces ministères, tous ces dévouements,
tous ces sacrifices, ennoblis et transfigurés par la grâce,
viennent se réunir dans le prêtre, directeur des âmes,
pour former la plus salutaire et la plus éminente des
fonctions la fonction pastorale.

L'abbé Bataille était éminemment doué pour une

telle fonction. Rarement l'on aura vu réunies dans un accord plus heureux les qualités que décrivait saint Grégoire-le-Grand, lorsqu'il demandait pour cet art des arts : « Une douceur exempte de mollesse, *sit itaque amor sed non emolliens ;* une fermeté sans raideur, *sit vigor sed non exasperans ;* un zèle tempéré par la sagesse, *sit zelus sed non immoderate sæviens ;* une bonté qui ne pousse pas l'indulgence jusqu'à la faiblesse, *sit pietas sed non plus quam expediat parcens* (1) ». Nul n'avait mieux compris les paroles de ce grand maître exhortant les pasteurs des âmes à se montrer pères par l'autorité, mères par l'affection et la tendresse : *Curandum quippe est ut rectorem subditis et matrem pietas et patrem exhibeat disciplina* (2). Dès le début de son ministère, l'on avait pu admirer dans le jeune vicaire de Saint-Jacques de Douai ce tact et cette prudence si nécessaires à la direction des âmes, pour éviter les froissements et prévenir les difficultés ; cette sûreté de coup-d'œil et cette rectitude de jugement qui permettent au prêtre de sonder d'une main discrète les plaies qu'il doit guérir, en lui faisant trouver le remède à la fois le plus prompt et le plus efficace ; cette fidélité au devoir, toujours égale à elle-même jusque dans les moindres choses ; cette parole affectueuse, quoique pleine de réserve, qui sait gagner la confiance sans

---

(1) *Regula pastoralis*, pars. II, 7.
(2) *Ibid.*, 6.

provoquer la familiarité; et cette charité compatis-
sante, qui, tout en se sentant redevable à chacun,
incline de préférence vers les petits, les pauvres,
les malades, vers tout ce qu'il y a parmi les hommes
de plus faible et de plus déshérité. On le vit bien,
quand le plus terrible des fléaux, se déchaînant à
deux reprises sur la ville de Douai, vint mettre à
l'épreuve la constance de ses prêtres, en montrant
tout ce qu'il y avait dans leur cœur de dévouement et
d'abnégation.

Aussi, grande fut la joie de tous, quand, passant du
second rang au premier, l'abbé Bataille se vit appelé à
diriger le troupeau qui avait appris à connaître et à
bénir son zèle pastoral. Il était de ceux qui sont
d'autant plus dignes de commander, qu'ils ont su
mieux obéir. Le respect et la déférence qu'il n'avait
cessé de montrer pour les vétérans du sacerdoce, ses
prédécesseurs et ses guides, allaient promptement se
reporter sur le nouveau chef de la paroisse, malgré
son jeune âge. Touchante institution que celle de la
paroisse, de cette famille religieuse qui reproduit en
abrégé la famille universelle des âmes, dont elle est le
premier et le plus simple élément! Si l'on n'y trouve
pas les grandeurs et les gloires séculaires de l'Église
épiscopale où elle est incorporée, cette famille spirituelle a également son histoire, plus modeste et plus
intime; elle a son esprit et sa vie propres, ses souvenirs
qui se prolongent d'une génération à l'autre, ses traditions de foi et de piété. C'est par elle que le chrétien

se rattache au reste de ses frères répandus dans le monde ; car c'est au milieu d'elle que s'élève le berceau de sa vie surnaturelle et divine. Là est le foyer de son éducation religieuse et morale ; la chaire d'où est descendue sur lui la parole de vérité ; la table commune où il s'est assis pour la première fois l'hôte et le convive de Dieu ; la piscine sainte où il est venu tant de fois purifier son âme. Là se sont accomplis, sous le regard de ses frères témoins de son bonheur, les actes les plus importants et les plus solennels de sa vie. Là sera le terme de son pèlerinage ici-bas ; et là seulement, après les courtes années de son existence terrestre, sa mémoire se conservera dans le cœur de ses proches et sur les lèvres du prêtre qui aura béni sa dépouille mortelle. Heureux les pays où de tels sentiments n'ont rien perdu de leur charme, où les liens de la paroisse ont conservé toute leur force, où le pasteur voit son troupeau réuni autour de lui, dans les exercices communs de la prière publique, retenu au bercail par l'affection comme par le devoir, et pouvant ainsi répéter d'une seule et même voix ces paroles du prophète royal : *Quam bonum et quam jucundum habitare fratres in unum :* « Qu'il est bon, qu'il est doux d'habiter ensemble comme des frères (1) ! »

Nul ne sentait plus vivement ces choses que l'archiprêtre de Douai. Aussi quel n'était pas son attachement

---

pour sa chère paroisse de Saint-Jacques! Quel zèle et quelle ardeur à restaurer et à embellir la maison de Dieu, pour en faire un édifice vraiment digne de son caractère et de sa destination! Quels soins pieux pour rehausser la majesté du culte par la pompe des fêtes et l'éclat des cérémonies! Quelle constance et quelle régularité dans le ministère de l'enseignement et de la prédication! Quelle activité infatigable à soutenir et à multiplier les œuvres et les associations qui sont la vie d'une paroisse! Il n'y avait ni trêve ni relâche dans ces journées consacrées tout entières au service des âmes. De grand matin, il m'en souvient pour en avoir été le témoin ému, l'on voyait le doyen de Saint-Jacques se diriger vers son église, où il passait de longues heures, accessible à quiconque venait chercher auprès de lui des lumières et des consolations. Au presbytère, où il ne rentrait que pour retrouver le travail, sa porte comme son cœur étaient ouverts à tous ceux qui avaient un conseil ou un secours à demander. Quand la visite des malades ne l'appelait pas au dehors, c'est à d'autres œuvres de charité qu'il employait le reste du jour, allant porter des paroles affectueuses à ceux-ci, des aumônes à ceux-là, encourageant les uns, intercédant pour les autres, et se donnant à tous dans l'effusion d'un zèle qui ne se laissait ni effrayer par les obstacles ni ralentir par la fatigue. Sans doute, Mes Frères, dans cette immolation continue de soi-même, il n'y a pas le brillant et l'extraordinaire qui font les renommées du monde.

Mais la grandeur morale est moins dans l'éclat de la vertu que dans sa persévérance. Rester constamment l'homme de la règle et du devoir ; suivre avec fidélité et jusqu'au bout la voie du bien ; reprendre chaque jour, sans lassitude ni faiblesse, une tâche laborieuse et toujours la même ; puiser dans le sacrifice de la veille la force d'accomplir celui du lendemain ; rattacher une bonne œuvre à l'autre comme les anneaux d'une chaîne dont chacun se relie à celui qui le précède et soutient celui qui le suit ; se consumer ainsi, sans retour sur soi-même, dans une mission toute de dévouement à Dieu et à l'humanité : voilà, Mes Frères, ce qui fait les grands mérites et les grandes vies.

Le doyen de Saint-Jacques n'avait pas d'autre ambition que de servir Dieu et ses frères dans les modestes conditions du ministère paroissial. Vivre et mourir au milieu de ceux qui, depuis vingt-neuf ans, lui prodiguaient les marques de leur attachement, c'était son seul et unique désir. Il s'effrayait à la pensée que l'on pût songer à lui pour un rang plus élevé. Et cependant, à mesure que son talent et ses vertus rayonnaient autour de lui, les yeux se fixaient davantage sur un mérite qui ne demandait qu'à se faire oublier. Déjà une première fois, sa modestie avait été alarmée d'un dessein dont il était parvenu à conjurer le succès. Mais, comme saint Jérôme le disait de l'un de ses amis, « plus il cherchait à fuir les honneurs, plus on mettait d'empressement à les lui offrir, *sed quanto plus repugnabat, tanto magis in se studia omnium conci-*

tabat : car, par ses refus mêmes, il méritait de devenir ce qu'il ne voulait pas être, *merebatur negando quod esse nolebat ,* d'autant plus digne au jugement des autres qu'il l'était moins à ses propres yeux, *eoque dignior erat quo se clamabat indignum* (1). » L'heure devait venir où l'Église et l'État uniraient leurs voix pour appliquer cette maxime du pape saint Grégoire, « qu'il faut refuser les grandes charges à ceux qui les désirent, pour les réserver à ceux qui les fuient ; *sicut locus regiminis desiderantibus negandus est, ita fugientibus offerendus* (2) ; » et alors, qu'avons-nous vu, Mes Frères ? Une lutte édifiante parmi toutes, et dont le souvenir ne s'effacera jamais de mon esprit. Ni nos instances amicales, ni l'autorité plus grande que donnait à un éminent Pontife sa qualité de pasteur et de père, ne parvenaient à vaincre une résistance qui prenait sa source au plus profond de la foi et de l'humilité chrétienne. Ce siége d'Amiens, avec les splendeurs de son histoire ; cette cathédrale, l'une des merveilles de l'art ; cette église des Firmin, des Euloge, des Honoré, illustrée à jamais par les grands souvenirs de saint Jean-Baptiste et de saint Martin ; ces populations de la Picardie, à la foi si vive, aux mœurs si douces et si polies : aucun de ces attraits qui auraient pu éblouir tant d'autres, ne voilait aux yeux du saint prêtre la responsabilité de la charge

---

(1) Ep. xxxv, *Epitaphium Nepotiani.*
(2) Lib. VII, Ep. iv.

qu'il allait assumer. Il fallut, pour triompher de ses longues hésitations, que la volonté de Dieu lui fût signifiée, manifeste et souveraine, par l'organe de celui qui a reçu la mission de paître les agneaux et les brebis (1). Alors, se rappelant que nous sommes « les fils de l'obéissance (2) » il fit taire au fond de son âme toute autre voix, pour répondre à l'appel divin, de grand cœur et résolument : *corde magno et animo volenti* (3). Amiens allait être, après Douai, le second théâtre, plus étendu que le premier, d'un ministère pastoral dont je dois continuer à décrire le caractère et les œuvres.

II.

C'est dans l'épiscopat que le sacerdoce trouve sa plénitude. En s'appliquant à un plus grand nombre d'âmes, la fonction pastorale gagne en pouvoir comme en étendue. Cet accroissement d'un ministère arrivé à sa perfection, l'Église l'exprime à merveille dans l'acte solennel où s'accomplit la consécration de ses pontifes. Elle leur pose sur la tête le casque du salut, *galeam salutis*, comme une arme terrible aux adversaires de la vérité, *quatenus terribilis appareat adversariis veritatis*, et pour marquer la vigueur qui sied à

---

(1) Saint Jean, xxi, 15 et ss.

(2) 1ʳᵉ Ep. de saint Pierre, i, 14.

(3) IIᵉ Machabées, i, 3.

l'athlète de la foi, *impugnator robustus*. Elle leur met
au doigt l'anneau de la fidélité, *signaculum fidei*,
comme le gage d'une alliance inviolable, et dont l'union
de l'époux avec l'épouse n'est qu'une image affaiblie.
Elle attache à leur poitrine la croix, symbole du sacrifice, et du sacrifice porté jusqu'à l'oubli et à l'immolation de soi-même. Elle place l'Évangile sur leurs
épaules comme un joug qu'ils devront à leur tour
imposer aux peuples, pour le salut des âmes confiées
à leurs soins. Elle remplit leurs mains de bénédictions,
afin que la grâce et la miséricorde en découlent sans
cesse, sur les justes comme sur les pécheurs : *quidquid benedixeris benedicatur, et quidquid sanctifi-
caveris, sanctificetur*. Et enfin, elle leur transmet la
houlette pastorale, *baculum pastoralis officii*, signe
d'une autorité qui juge sans passion, *judicium sine
ira tenens*, corrige avec douceur, *in corrigendis vitiis
pie sæviens*, charme et persuade plutôt qu'elle ne
commande, *in forendis virtutibus auditorum animos
demulcens*, et, par son caractère comme par ses
œuvres, résume la paternité spirituelle dans ce qu'elle
a de plus large et de plus élevé (1).

Le pasteur des âmes, voilà ce que le nouvel évêque
d'Amiens envisageait avec prédilection dans la charge
dont il venait d'être revêtu ; et si quelque chose pouvait diminuer les appréhensions qu'elle causait à son
humilité, c'est qu'il y retrouvait, sur une plus vaste

---

(1) Pontificale Romanum, *de Consecratione Electi in Episcopum*.

échelle, ce ministère de dévouement qui convenait si bien à son âme pastorale. Aussi, à peine fut-il arrivé au milieu de vous, qu'il tourna sa pensée vers la visite de son diocèse. « Il n'y a que ce moyen d'opérer quelque bien, » disait Mgr de la Motte, l'un de ses plus illustres prédécesseurs. Touchant spectacle, Mes Frères, que ces visites pastorales de l'Évêque, successeur des apôtres, jusqu'au fond des campagnes les plus reculées ! A son arrivée tous les cœurs se dilatent. Autour de lui les mères s'empressent, joyeuses et recueillies, pour appeler sur le front de leurs petits enfants le signe de la bénédiction. Un rayon de fête a pénétré ce jour-là dans l'humble bourgade, et reluit sur tous les visages. On fait trêve pour quelques heures au travail, aux soucis et aux préoccupations de la terre, pour être tout entier aux choses de l'esprit et de la foi. Ceux-là même que divisent l'intérêt et la passion, oublient leurs discordes auprès de celui qui représente à leurs yeux la paix, l'union et la charité fraternelle. Pour lui, dont le cœur embrasse tous ses enfants d'une égale tendresse, il n'ouvre la bouche que pour faire entendre des paroles d'encouragement et de consolation. Il est venu, dispensateur suprême des dons célestes, apporter aux uns des armes pour les combats de la vie, aux autres des remèdes contre les souffrances d'ici-bas, à tous plus de lumières et de forces. Journée pleine de souvenirs, heures fécondes, d'où chacun sort le cœur ému, l'âme soulagée et ravie ! Ah ! l'on ne saura jamais ce que vaut un tel

ministère, pour entretenir au milieu des populations
la notion de l'autorité, le sentiment du respect, la foi
en Dieu, l'amour du devoir et de la vertu ; et s'il est
vrai de dire que les évêques ont fait la France chrétienne, c'est à eux également, à leurs courses aposto-
liques, à leur contact incessant avec les âmes, qu'il
faut attribuer en grande partie ce qui reste à la
nation de foi religieuse, de grandeur et d'énergie
morale.

Monseigneur Bataille mettait son bonheur dans ces
visites pastorales qui ont rempli les courtes années de
son épiscopat. Il y déployait ces qualités du cœur qui
lui avaient valu tant d'affection et de sympathie dans
la première partie de sa carrière sacerdotale. Rien
n'échappait à sa vigilance, ni les moindres détails du
service divin, ni les atteintes les plus légères à la
discipline ecclésiastique. Il réglait tout, il dirigeait
tout avec un soin scrupuleux, et l'on pouvait lui
appliquer l'éloge que saint Jérôme faisait de Népotien :
« *Sollicitus ergo erat si niteret altare*, il examinait
attentivement si les autels avaient leur parure, les
murs leur propreté, les sacristies leur décence, les
vases sacrés leur richesse convenable, *si parietes
absque fuligine, si sacrarium mundum, si vasa
luculenta ;* et sa pieuse sollicitude pour toutes les
cérémonies du culte ne lui laissait rien voir de petit
ni de minutieux dans l'accomplissement d'un tel
devoir : *et in omnes cæremonias pia sollicitudo
disposita, non minus non majus negligebat offi-*

cinu (1). » Ainsi parcourait-il les paroisses de son diocèse, charmant par son aménité tous ceux qui l'approchaient, trouvant dans son cœur de pasteur et de père une parole affectueuse pour chacun, et ne perdant jamais de vue la recommandation de l'apôtre : *quæcumque amabilia hæc cogitate* (2). Là où éclataient davantage cette grâce et cette amabilité, c'était au milieu des enfants. Le pieux Évêque se plaisait à les voir et à les bénir : son âme si pure, j'ose dire, si virginale, avait pour eux des tendresses inépuisables ; et grande était sa joie, lorsqu'il pouvait se délasser des fatigues de son ministère, en conversant avec eux dans un langage qu'il savait si bien approprier à leur âge. Longtemps encore, vos enfants garderont le souvenir de celui qui les a tant aimés ; et, quelle que soit la destinée qui les attende, ils n'oublieront jamais cette douce et sereine figure qu'ils voyaient apparaître au milieu d'eux, le sourire sur les lèvres, comme une vivante image de la divine bonté.

Un grand problème est venu se poser devant la société moderne ; et votre Évêque, Mes Frères, en comprenait toute l'importance. Tandis que dans les familles plus favorisées par l'intelligence et par la fortune, la religion a fait de nos jours les plus consolants progrès, dans la masse du peuple, au contraire, l'indifférence et l'incrédulité tendent à gagner de

---

(1) Ep. xxxv, *Epitaphium Nepotiani.*
(2) Ep. aux Philippiens, iv, 8.

proche en proche. C'est là une situation pleine d'alarmes, et sur laquelle il serait aussi imprudent qu'inutile de vouloir fermer les yeux. Au siècle dernier, l'impiété frappait au sommet pour renverser l'édifice social, et elle n'y avait que trop réussi; aujourd'hui que le sommet s'est raffermi, elle reprend par la base son travail de démolition. L'atelier, l'usine, la ferme, voilà le théâtre où elle opère de préférence par la parole et par l'action. C'est aux classes laborieuses qu'elle s'efforce de persuader que la religion, avec ses dogmes et ses préceptes, est un mensonge et une duperie, que le tout de l'homme, c'est d'amasser et de jouir, et que le néant est le dernier mot de nos destinées. C'est là qu'elle cherche à faire le vide dans les âmes, pour n'y laisser debout, sur les ruines de la foi et de la conscience, que des appétits grossiers et des instincts pervers. Voilà pourquoi l'épiscopat salue de ses vœux, je ne dis pas assez, de ses bénédictions, toute œuvre qui tend la main au travailleur pour l'armer de force contre les sollicitations de l'erreur et du vice. Monseigneur Bataille sentait vivement la grandeur du mal et la nécessité d'y porter remède. Ces cercles d'ouvriers, qui constituent autant de noyaux précieux, autour desquels pourra se reformer la corporation chrétienne, avec ses glorieuses traditions adaptées à des besoins nouveaux; ces patronages où la religion protége le jeune apprenti contre lui-même, en le préservant des dangers qui menacent sa foi et ses mœurs : toutes ces associations si florissantes dans votre généreuse cité, le charitable Prélat aimait à les encourager par sa présence et à les soutenir de sa parole. N'est-ce pas encore à sa puissante initiative que vous devrez cette église nouvelle qui, sous la protection de saint Roch, s'élève dans l'un des quartiers les plus populeux de votre ville, et dont l'achèvement s'impose désormais à votre reconnaissance comme la touchante expression d'une volonté dernière ? Aussi notre émotion a-t-elle été vive, quand, le jour des funérailles, nous avons vu les représentants des classes ouvrières réclamer l'honneur de porter les dépouilles mortelles de celui qui avait été pour eux un bienfaiteur et un père.

Plus grave encore que la question à laquelle je viens de toucher, est celle de l'enseignement et de l'éducation. Il y a là, pour un Évêque, des intérêts de premier ordre, qu'il lui appartient de protéger, au prix des plus grands sacrifices ; car il y va du salut des âmes que l'Église met sous sa sauvegarde, de celles-là surtout que la faiblesse de l'âge désigne plus particulièrement à notre sollicitude. Ai-je besoin de dire que Monseigneur Bataille, d'accord avec ses frères dans l'épiscopat, repoussait comme un principe de ruine pour un pays, tout système d'éducation qui ne demanderait pas à la religion son fondement et son principal appui ? Sans contester à l'État sa mission de surveillance et de protection, il revendiquait à tout le moins un égal respect pour les droits de la famille et pour ceux de l'Église. Dans son désir de voir s'élever le niveau des études, rien ne lui semblait plus favorable au progrès de la science qu'une émulation féconde entre des institutions pouvant se mouvoir à leur aise dans la liberté des programmes et des méthodes. A l'encontre des sophistes qui voudraient imposer à tous leurs opinions personnelles, sous prétexte de protéger l'unité nationale, il estimait que rien de solide ni de durable ne se fonde sur le scepticisme, et que l'Église catholique, avec ses principes et ses doctrines invariables, est pour un pays la plus haute garantie de paix et d'union qu'il y ait en ce monde. Voilà pourquoi il applaudissait aux travaux de ces Universités catholiques, dont la renaissance restera l'une des gloires de notre époque ; il mettait à exciter votre générosité en faveur de ces établissements nouveaux, tout le zèle que lui inspirait une conviction profonde. Vivement pénétré de la bonté d'une telle cause, il ne se laissait ni rebuter par les difficultés du présent ni effrayer par les menaces de l'avenir, sachant bien que toutes les œuvres de Dieu ont leurs épreuves passagères, et que, s'il ne manque jamais de Samaritains envieux et jaloux pour arrêter les Esdras dans les grandes restaurations, Dieu envoie toujours, à l'heure marquée, des Néhémie pour reprendre l'œuvre interrompue et pour l'achever avec plus de force et de splendeur.

Cette sollicitude si active pour les Universités

catholiques, votre Évêque la déployait à tous les degrés de l'enseignement. Sans doute, et avant tout, il se préoccupait de l'éducation des clercs, et vous n'avez pas perdu le souvenir des lettres si graves et si pressantes où il vous exhortait à favoriser de tout votre pouvoir les vocations ecclésiastiques. Mais, tout en réservant ses meilleurs soins aux élèves du sanctuaire, il embrassait dans son affection paternelle tous les établissements où la religion prépare à la société civile des membres intelligents et dévoués. Quelles n'étaient pas son admiration et sa sympathie pour l'illustre Société qui, depuis trois siècles, a l'insigne honneur de recevoir les premiers coups, chaque fois que l'Église est en butte à la violence et à la calomnie ? Avec tous ceux que n'aveuglent pas d'injustes préventions, il regardait comme une bonne fortune et une gloire pour la ville d'Amiens de posséder ce magnifique Collége de la Providence dont la prospérité n'intéresse pas moins l'État que l'Église elle-même. Non moins grande était sa bienveillance pour ces modestes éducateurs de l'enfant du peuple, qui, sous la livrée du sacrifice, prolongent au milieu de vous les traditions de zèle et de dévouement dont le vénérable La Salle leur a transmis le glorieux héritage. Aussi leurs épreuves ont-elles été la grande douleur des derniers temps de sa vie, comme d'autre part, rien n'a plus réjoui et consolé son cœur que de voir avec quelle énergie et quelle générosité vous avez su réparer des mesures funestes, en conservant à l'enseignement religieux le rang que ses services et ses bienfaits lui ont mérité de tenir dans cette grande et catholique Cité.

Si jamais la mission de l'Évêque a été difficile et délicate, c'est bien à une époque de luttes et de contradictions comme la nôtre. Monseigneur Bataille était heureusement doué pour des situations qui, si elles demandent une vraie force de caractère, n'exigent pas moins de calme et de sang-froid. Esprit sage et pondéré, autant que ferme et droit, il savait faire la part de tous, et rendre à chacun ce qui lui appartient. Certes, son dévouement à l'Église était sans bornes; et vous savez si l'attachement au Souverain Pontife et la fidélité aux doctrines romaines se sont rencontrés ailleurs sous une forme plus touchante et plus correcte. Le Vicaire de Jésus-Christ était pour lui l'organe infaillible de la vérité; et toute son ambition se réduisait à n'être qu'un humble écho de cette grande voix qui domine le monde, immortelle et souveraine. Mais tout en proclamant, avec l'autorité de la foi et de la raison, que le monde des âmes ne saurait être inférieur à celui des corps, et que les intérêts du temps sont nécessairement subordonnés à ceux de l'éternité, il se gardait bien de confondre en un seul deux domaines qui, pour être unis, n'en restent pas moins distincts l'un de l'autre. Voilà pourquoi les dépositaires de la puissance publique l'ont toujours trouvé respectueux pour leurs droits, ne se résignant à la lutte que par motif de conscience, et cherchant avec soin les voies les plus propres à prévenir les conflits ou à les terminer. L'alliance de la religion avec toutes les forces vives du pays, pour le triomphe de l'Église et la prospérité de la France, c'était l'objet de ses désirs et le but de ses efforts : il vous le disait dans un noble langage, lorsque, bénissant naguère votre nouveau Palais de Justice, il commentait ces paroles qui expriment si bien l'accord des pouvoirs dans l'accomplissement d'une tâche commune : *Misericordia et veritas obviaverunt sibi; justitia et pax osculatæ sunt :* « La miséricorde et la vérité sont allées au-devant l'une de l'autre; la justice et la paix se sont rencontrées dans un même embrassement (1). »

Que de fruits, Mes Frères, ne promettait pas cet épiscopat, hélas ! brisé dans sa fleur ? Après six années de travaux, le pieux et zélé Prélat était arrivé à cette période du ministère apostolique où les qualités de l'esprit et du cœur, fortifiées par les leçons de l'expérience, peuvent se déployer dans toute leur plénitude. Il s'était conquis en peu de temps l'estime et la confiance de tous : son clergé, dont il était devenu le modèle par une régularité de vie exemplaire, l'entourait d'une vénération filiale ; son diocèse qu'il avait visité deux fois avec une ardeur au-dessus de ses forces, lui prodiguait les marques d'un attachement sincère ; ses œuvres et ses institutions se développaient de jour en jour, avec un succès toujours croissant. De

---

(1) Psaume LXXXIV. 11.

son côté, il s'était identifié avec vos besoins et vos
intérêts spirituels, ne vivant plus que pour vous et
mettant tout son bonheur dans le vôtre. Vainement
sollicité, et à maintes reprises, de monter à un rang
supérieur dans la hiérarchie ecclésiastique, il avait
répondu par ce mot qui restera dans l'histoire de votre
église : « L'on ne quitte le siége d'Amiens, que pour
monter au Ciel. » Paroles prophétiques, et qui ne
devaient s'accomplir que trop tôt, sinon pour lui-
même, du moins pour vous qu'une séparation inat-
tendue allait plonger dans le deuil. Mais, ainsi que je
le disais en commençant, il devait continuer à servir
vos âmes et à leur être utile jusque dans les bras de
la mort. Après vous avoir exhorté tant de fois à bien
vivre, il était réservé à votre premier Pasteur de cou-
ronner sa prédication, en vous apprenant à bien mourir.
Sans doute, la douleur de vous quitter a dû remplir
d'amertume le calice des souffrances que Dieu lui pré-
sentait. Il l'avouait lui-même, dans les premiers temps
de sa maladie, avec un accent de tristesse que l'humilité chrétienne rendait si touchant : « Le Jardin des
Olives se retrouve dans l'histoire de toutes les pas-
sions. » Mais quel abandon filial entre les mains de la
divine Providence, après ces premiers moments donnés
aux défaillances de notre humaine nature ! Quel calme
et quelle sérénité à l'approche d'un dénouement qui ne
semblait s'éloigner que pour permettre à la souffrance
de faire sentir plus longtemps son aiguillon ! Et enfin,
quels sentiments de foi, de piété, de résignation

joyeuse, dans ces adieux suprêmes à la famille sacerdotale, au milieu desquels la main du pieux Pontife se levait encore pour bénir, alors même que toute parole s'était éteinte sur ses lèvres ! Ainsi meurent les saints, riches de mérites et de bonnes œuvres ; et le souvenir de leur mort non moins que l'exemple de leur vie reste au milieu des peuples qui ont recueilli leurs bienfaits, comme une lumière, une force et une bénédiction.

Pour moi, vénérable Frère, qui suis venu, en ce jour, édifier vos enfants spirituels par le tableau si touchant de vos vertus, qu'il me soit permis de répéter, en terminant, ces paroles de saint Grégoire de Nazianze rendant à un grand évêque les derniers devoirs de l'amitié : *Hæc habes a nobis, a lingua quondam tibi suavi, atque honore et ætate æquali* (1) : Agréez ce faible hommage d'une voix qui vous était chère, parce qu'elle retentissait à votre cœur comme la voix de l'amitié, et d'une amitié que ni le temps ni la distance n'avaient pu affaiblir. En nous rapprochant davantage encore, une même charge avait établi entre nous de nouveaux liens ; et j'aimais à penser qu'unis pendant la vie, nous ne serions pas séparés dans la mort. Oui, confiant dans le secours de Dieu, j'espérais toujours, alors même que toute espérance semblait perdue. Dieu en a décidé autrement : que son saint nom soit béni ! Vous nous quittez, cher Frère, au

---

(1) Oratio XLIII°, n° 82.

moment même où nous avions le plus besoin de vos lumières et de votre zèle. Et ne semble-t-il pas que vous ayez eu le pressentiment de nos luttes futures quand, de votre lit de mort, vous sollicitiez de nouveaux hommages pour le Prophète-Martyr, proclamé par Jésus-Christ « le plus grand des enfants des hommes, » et dont le chef sacré, inséparable de cette illustre Église d'Amiens, personnifie depuis dix-huit siècles la résistance au vice et à l'oppression (1)? Ah! du moins, assistez-nous par vos prières dans ces combats de la foi que vous auriez tant aimé à soutenir avec nous, *e cœlo nos, quæso, inspice* (2); soyez le protecteur de ceux qui vénéraient en vous leur pasteur et leur père; et lorsqu'à notre tour nous aurons quitté cette vie, *nosque, posteaquam ex hac vita migraverimus*, puissions-nous être reçus dans les tabernacles éternels où vous auront introduit vos mérites, *illic quoque tabernaculis tuis excipe* (3). C'est là que, prêtres et fidèles de la sainte Église catholique, nous nous donnons rendez-vous après les épreuves et les luttes de la vie présente : au séjour de la gloire et de la félicité éternelle. Ainsi soit-il !

---

(1) Lettre circulaire de M⁹ʳ l'Évêque d'Amiens sur le rétablissement dans le diocèse de la Fête et de l'office de la réception de la Face de saint Jean-Baptiste.

(2) Oratio XLIIIᵉ, n° 82.

(3) *Ibid.*

Angers, imp. Germain et G. Grassin, rue Saint-Laud. — 1026-79.